Karl-Heinz Morscheck

Schritt für Schritt
Zeichnen

ENGLISCH VERLAG

Die Deutsche Bibliothek – CIP-Einheitsaufnahme
Zeichnen / Karl-Heinz Morscheck. – Wiesbaden: Englisch, 1999
(Schritt für Schritt)
ISBN 3-8241-0875-5

© by Englisch Verlag GmbH, Wiesbaden 1999
ISBN 3-8241-0875-5
Alle Rechte vorbehalten. Nachdruck, auch auszugsweise, verboten.
Printed in Spain

Die Ratschläge in diesem Buch sind von Autor und Verlag sorgfältig erwogen und geprüft, dennoch kann eine Garantie nicht übernommen werden. Eine Haftung des Autors bzw. des Verlages und seiner Beauftragten für Personen-, Sach- und Vermögensschäden ist ausgeschlossen. Eine gewerbliche Nutzung der Vorlagen und Abbildungen ist verboten und nur mit ausdrücklicher Genehmigung des Verlages gestattet.

Inhaltsverzeichnis

Vorwort 4

Material und Grundsätzliches 5

Schritt für Schritt zum fertigen Bild 9

Straßenszene (Bleistiftskizze) 9
Portrait (Bleistiftskizze) 10
Alte Holztür (Bleistiftstudie) 11
Stillleben (Bleistiftzeichnung) 12
Boote am Steg (Bleistiftzeichnung) 15
Flusslandschaft (Kohlezeichnung) 18
Steintreppe (Schwarze Kreide) 22
Dorfansicht (Rötelzeichnung) 24
Kleines Fachwerkhaus 28
(Zeichnen mit Pinsel und Tusche)
Bauernhaus 30
(Zeichnen mit Feder und Tusche)

Vorwort

Dieses Buch versucht allen, die gerne zeichnen lernen möchten, Anregung und Hilfe zu sein. Es wendet sich damit nicht nur an Anfänger, sondern auch an solche, die schon etwas Übung und Erfahrung im Zeichnen haben.

Das Buch stellt die wichtigsten zeichnerischen Materialien vor und erläutert mögliche Anwendungen in vielen Bildbeispielen.

Die Schritt-für-Schritt-Folgen beschreiben, wie ein bestimmtes Motiv erarbeitet werden kann, wobei der Zeichenvorgang selbst im Mittelpunkt steht. Die Betonung liegt auf der zeichnerischen Praxis, die sich mit konkreten Themen beschäftigt. Allgemeine Fragen wie z.B. Besonderheiten der Linearperspektive oder der Gestaltungslehre treten davor zurück. Ohnehin wird die erwünschte Sicherheit in diesem Bereich erst im Verlauf der zeichnerischen Übung, die auch das Sehen schärft, nach und nach erreicht. Zeichnen heißt „Sehen" lernen, die Grundlage ist die Arbeit der Hand. Das Gefühl für verschiedene Materialien und die Fertigkeit, damit umzugehen, setzen viele Übungen voraus. Dabei ist nicht wichtig, dass jedes Bild gelingt. Auch der „Meister" hat einen großen Papierkorb.

Wenn der Anspruch nicht zu hoch ist und die Lust und Neugier an dem, was sich auf dem Papier langsam entwickelt, überwiegen, werden sich bald Erfolge einstellen. Mit noch mehr Selbstvertrauen lassen sich dann weit schwierigere Motive meistern, als die, die hier behandelt wurden.

Ich wünsche viel Spaß, ein offenes Auge und eine leichte Hand!

Karl-Heinz Morscheck

Material und Grundsätzliches

Bleistifte
Bleistifte sind sicherlich das gebräuchlichste Zeichenmittel und entsprechen in vielfältigen Ausführungen den unterschiedlichsten Anforderungen. Die Bezeichnung Bleistift ist irreführend und lässt sich eher historisch erklären. Blei war tatsächlich auch ein frühes Zeichenmittel und wurde in der Antike oft verwendet, jedoch sehr sparsam für Vorzeichnungen mit wenigen Linien. Im Mittelalter kannte man dünne Bleidrähte, die eine Holzummantelung erhielten, um nicht so leicht abzubrechen. Dieses Material entsprach in der Form etwa den heutigen Bleistiften. Als Zeichenmittel waren sie jedoch nicht besonders effektiv und es war wegen des Bleistaubes gefährlich, mit ihnen zu arbeiten.

Graphit, der Grundstoff unserer heutigen Bleistifte, war ebenfalls schon früh bekannt, konnte sich im Rohzustand aber nicht durchsetzen. 1795 entwickelte der französische Erfinder Jaques Louis Conté ein Verfahren zur Herstellung von Graphitstiften und verhalf damit diesem Material zum Durchbruch. Bei der Herstellung wurde Rohgraphit fein zermahlen, gereinigt und mit einem Zusatz von geschlämmtem Ton versehen. Je nach Zusatz konnten so unterschiedliche Härtegrade erreicht werden.
Es gibt heute etwa 20 verschiedene Härtegrade, die in unterschiedlicher

Form angeboten werden. Sie entsprechen den diversen Verwendungsarten. Die härteren Sorten H bis 10 H erlauben einen feinen und exakten Strich, die weicheren, von B bis 8 B können leicht verwischt werden und lassen somit malerische Effekte zu. Die Zwischenstärken HB, F und B werden am häufigsten verwendet, weder zu hart noch zu weich erfüllen sie die gängigsten Anforderungen.

Bleistifte sind ein universales Zeichenmaterial, das sowohl für Anfänger als auch für Fortgeschrittene, für die einfachste Skizze bis hin zur komplizierten Zeichnung geeignet ist.

Um Bleistiftzeichnungen der unterschiedlichsten Art anfertigen zu können, empfiehlt sich ein Sortiment von 2H bis 6B, wobei Sie nicht sämtliche Zwischengrade benötigen. Zur Korrektur von Zeichnungen mit weichen Stiften eignet sich ein Knetgummi, bei härteren Bleistiften kann ein Radiergummi verwendet werden. Je größer der Härtegrad des Stiftes ist, desto härter muss auch die Konsistenz des Korrekturmittels sein.

Alle Bleistiftzeichnungen, besonders die mit weichem Graphit, sollten nach Beenden mit einem Fixativspray fixiert werden. So vermeiden Sie unerwünschte Verwischungen, die sich kaum mehr korrigieren lassen. Als Papier können Sie jede Art verwenden, meist genügt ein Skizzenblock von durchschnittlicher Qualität. Aber auch lose Papiere verschiedener Größe leisten gute Dienste. Wenn Sie sehr weiche Stifte zum Zeichnen bevorzugen, werden Sie größere Formate benötigen, um die Ausdrucksmöglichkeiten zur Geltung zu bringen. Bei härteren Stiften können Sie sich mit kleineren Größen begnügen.

Zeichenkohle und schwarze Kreiden

Zeichenkohle und Kreiden zählen im Gegensatz zu den Bleistiften zu den breitzeichnenden Materialien. Feine und dünne Linien sind mit ihnen schwer zu erzielen, ihre Wirkung ist eine eher malerische. So lassen sich äußerst feine und ganz schwarze Schattierungen gleichermaßen herstellen. Die Technik des Verwischens kommt dabei zur vollen Entfaltung. Schraffurtechniken spielen eine eher untergeordnete Rolle, da sie nur durch das Übereinander sehr feiner Linien wirken.

Verkohltes Holz ist eines der ältesten Zeichenmaterialien, das schon in antiker Zeit verwendet wurde. Heute ist Zeichenkohle in unterschiedlichen Ausführungen im Handel erhältlich. Der weichen Kohle, die es mit verschiedenen Durchmessern gibt, sieht man die Herkunft aus kleinen, entrindeten Zweigen noch an. Härtere Stücke werden aus Spänen hergestellt. Sie sind viereckig oder rund und manchmal mit Holz ummantelt. Sibirische Reisskohle ist eine Retortenkohle. Ihre Konsistenz ist fester und man zeichnet mit ihr tiefschwarz. Alle beschriebenen Sorten müssen beim Spitzen sehr vorsichtig behandelt werden, da sie leicht brechen. Stifte aus Fettkohle (Kohle mit Ölzusatz) brechen nicht so leicht, jedoch lassen sie sich auch weniger gut radieren. Kohle lässt sich am leichtesten mit einem Knetgummi aufhellen oder entfernen, indem der Abrieb des Zeichenmaterials in diesen Radiergummi aufgenommen wird. Weiche Zeichenkohle erlaubt besonders subtile Verwischtechniken.

Präzise und kräftige Linien erhält man mit den Kanten der Kohlestückchen.

Die Bezeichnung Schwarze Kreide ist im Grunde irreführend, da dies Material mit Kreide, wie sie in der Natur vorkommt, nichts gemein hat. Schwarze Kreide besteht aus Ruß oder anderen schwarzen Pigmenten, die zusammen mit Bindemitteln in Stäbchenform gepresst werden. Das ergibt ein sehr kräftiges Zeichenmittel, mit dem sich ausdrucksstark arbeiten lässt. Schwarze Kreide lässt sich kaum radieren, folglich sollte eine kompliziertere Zeichnung unbedingt mit einer ausreichenden Vorzeichnung mit Bleistift beginnen. Das Material ist in verschiedenen Härtegraden von hart über mittel bis hin zu weich erhältlich.
Als Zeichengrund eignen sich für Kohle und schwarze Kreiden nahezu alle Papiere und Kartons mit einer etwas raueren Oberfläche.
Je rauer und gröber die Oberfläche ist, desto besser bleibt der Abrieb von Kohle und Kreide haften. Für dieses Zeichenmaterial sollten Sie größere Papierformate wählen, sodass die Zeichnung richtig zur Geltung kommt. Graues oder bräunliches Papier, wie z.B. Packpapier, kann bei einer Kreide- oder Kohlezeichnung eine ganz besondere Wirkung haben.

Reizvoll bei diesen Materialien ist die Technik des Verwischens. Auf diese Weise lassen sich große Flächen schnell bearbeiten. Papierwischer sind zwar als Zeichenzubehör angeboten, man kommt aber auch gut ohne sie aus. Die differenziertesten Effekte erzielt man immer noch mit den eigenen Fingern. Auch Stoffe und Papiertaschentücher lassen sich gut verwenden. Nach dem Zeichnen müssen die Bilder fixiert werden. Fixative für die verschiedenen Arten von Zeichnungen sind überall in Geschäften, die Zeichenmaterial führen, erhältlich.

Rötel und Sepia

Rötel (Bolus) besteht aus einer sehr feinen Tonerde, die zu unterschiedlichen Anteilen Eisenoxyde enthält. Durch diese kommen helle bräunliche bis rötliche Farbtöne zustande, die den Rötelzeichnungen den typisch warmen Charakter verleihen. Sepia weist einen dunkleren Farbton, fast schon ein Braunschwarz auf. Sepia und Rötel gibt es in unterschiedlichen Arten, in Stäbchenform viereckig, als runde Mine oder holzummantelt. In erdiger Konsistenz bröseln die Stifte leichter, lassen aber gute Verwischeffekte zu. Mit Zusätzen von Öl sind die fetteren Rötelstifte weniger empfindlich, lassen sich besser spitzen und erlauben einen genaueren und feineren Strich. Jedoch lassen sich fettere Rötel nicht so gut verwischen und eine einmal gezeichnete Linie ist kaum zu korrigieren bzw. wegzuradieren.

Zeichnen mit Tinte und Tusche

Gänzlich anders als das Zeichnen mit festen Stiften stellt sich das Arbeiten mit Tuschen dar. Hierbei wird ein flüssiges Zeichenmittel mit einem Pinsel oder mit einer Stahl-, Kiel- oder Bambusfeder auf Papier vermalt. Tuschen bestehen aus feinstem Ruß, der mit Bindemitteln, manchmal auch noch mit einer schwachen Schellacklösung, vermischt ist. Schellack trocknet wasserunlöslich auf und ist sehr beständig. Während des Zeichenvorgangs können Tuschen nach Bedarf mit Wasser verdünnt werden. Tusche erhalten Sie in flüssiger Form, aber auch in fester Form, wie es früher üblich war. Die Pigmente werden von diesen Stücken behutsam abgerieben und mit Wasser gelöst. Chinesische Tuschen eignen sich vorzüglich für alle Pinselzeichnungen.

Tinten gibt es in unterschiedlichen Farbtönen. Sie bleiben im Gegensatz zu Tuschen meist wasserlöslich. Hier mag aber der Farbton verlocken. Zeichnungen

in Sepia oder Gebrannter Siena haben einen schönen warmen Ton.

Zum Zeichnen mit Tusche eignet sich besonders eine kleine, feine Stahlfeder. Während die vorher behandelten Zeichenmittel Bleistifte, Kohle und Kreiden ihre Wirkung durch Abrieb entfalten, sind die Federn übertragende Mittel. Tuschen oder Tinten fließen hier während des Zeichenvorgangs über die Feder ab.

Stahlfedern sind erst im Verlauf des vergangenen Jahrhunderts in Gebrauch gekommen, sind also jüngeren Datums und nicht mit der Tradition anderer Zeichenmittel vergleichbar. Sie sind aber ein äußerst zuverlässiges Instrument und können hart beansprucht werden. Die Verwendung des Pinsels ermöglicht eine sehr eigenwillige Art des Zeichnens. Wie die verschiedenen Federn gehört auch der Pinsel zu den übertragenden Mitteln. Die schmiegsame Haarspitze lässt unterschiedliche Linien- und Flächenbildungen zu, sodass mit einem einzigen Pinselstrich starke und breite Akzente aber auch ganz sensible Andeutungen entstehen können.

Für das Zeichnen mit Federn und Tuschen sollte das verwendete Papier eine glatte Oberflächenstruktur haben, da sich die Feder nicht einhaken darf. Bessere Studien- oder Skizzenblöcke haben eine ausreichende Qualität, es gibt auch lose Zeichenpapiere in verschiedenen Größen, die gut geeignet sind.

Für Pinselzeichnungen ist eine ausreichende Saugfähigkeit des Papiers wichtig. Pinselzeichner mit Verschlusskappe, Plastikpinsel und Tuschepatrone ergänzen auf praktische Weise das klassische Material, da man sie überall mithinnehmen kann und sie jederzeit gebrauchsfertig sind. Von Zeit zu Zeit muss die Tuschepatrone erneuert werden und der Pinsel verbraucht sich nach gewisser Zeit. Die Effekte sind denen des klassischen Materials ähnlich und für Skizzen und Studien, aber auch für manch anspruchsvolle Zeichnung ist ein Pinselzeichner ausreichend.

Kugelschreiber und Filzstifte

Ein weiteres Zeichenmaterial sind Kugelschreiber und Filzstifte. Diese Stifte haben eine Kunstfaser- oder Metallspitze, über die sie flüssige oder eingedickte Tinte bzw. Tusche auf das Papier übertragen. Sie haben den Vorteil, dass man sie, wie Bleistifte, ohne Aufwand überall mit hinnehmen kann und sie jederzeit einsatzbereit sind. Mit diesen Zeichenmaterialien lassen sich Skizzen und schnelle Studien anfertigen. Nachteil ist, dass der Strich kaum variabel und so gut wie nicht korrigierbar ist, zudem verblasst die Zeichnung manchmal nach einiger Zeit.

Schritt für Schritt zum fertigen Bild

Straßenszene (Bleistiftskizze)

Benötigtes Material: ein einfacher Skizzenblock DIN A3, Bleistift Härtegrad 2B.

Diese kleine Skizze wurde vor Ort, an einem Straßenrand gemacht. Da die Personen, die gezeichnet werden sollten, sich mehr oder weniger schnell bewegten, blieb keine Zeit für eine genaue Umrisslinie, schon gar nicht für Korrekturen. Bei einer solchen spontanen Skizze, die nicht mehr als die Andeutung einer Situation sein kann, muss sehr schnell gezeichnet werden. Eine solche Skizze kann, zusammen mit weiteren Skizzen oder Studien, Grundlage für eine ausführliche Zeichnung oder ein farbiges Bild sein. Die Schattierung bei diesem Beispiel entstand als Ergänzung der wenigen Umrisslinien erst später zu Hause. Skizzierendes Zeichnen ist eine gute und wichtige Übung. Da der Anspruch, eine vollständige Zeichnung auszuführen, fehlt, geraten oft die Linien leichter und besser.

Portrait (Bleistiftskizze)

Benötigtes Material: einfaches Skizzenpapier, 26 x 32 cm, Bleistifte Härtegrad HB und 2B.

Bei diesem Bild saß ein kleines Mädchen für eine kurze Zeit Modell. Zuerst wurden mit dem härteren Bleistift die flüchtigen Umrisse des Mädchens gezeichnet, dann wurden mit dem weicheren Stift diese Linien an einigen Stellen verstärkt. In wenigen Minuten entsteht ein Portrait aus immer wieder unterbrochenen Umrisslinien. Um Größenverhältnisse und Proportionen besser einschätzen zu können, ist es hilfreich, bestimmte Abstände und Strecken mit dem ausgestreckten Bleistift abzumessen und dann auf das Papier zu übertragen. Fehlende Linien werden vom Betrachter ergänzt und das Bild wird gewissermaßen im Kopf vervollständigt.

Alte Holztür (Bleistiftstudie)

Benötigtes Material: einfaches Skizzenpapier, 26 x 32 cm, Bleistift Härtegrad 2H und 2B.

Diese Zeichnung ist ein Beispiel für die Schummertechnik. Hierbei wird der Bleistift nicht wie beim Schreiben oder sonstigen Zeichnen gehalten, sondern sehr viel flacher. Die ganze verfügbare Mine sollte auf dem Papier aufliegen. Mit dieser Technik lassen sich sehr breite Striche ziehen und große Flächen bearbeiten. Die Intensität des Bleistiftstriches wird dabei durch den Druck auf den Stift und mehrmaliges Übereinanderzeichnen variiert. Auf diese Weise lassen sich malerische Effekte erzielen und sensible Schattierungen anlegen.

Diese Skizze entstand in einer groben Vorzeichnung, bei der die wenigen Bildelemente festgelegt wurden. Von links nach rechts verlaufend wurde anschließend eine Schattierung angelegt, die im Bereich des Fensters und der Tür besonders intensiv ausgeführt wurde. Unter die zeichnende Hand wurde ein Blatt Papier gelegt, um unerwünschte Verwischungen zu vermeiden. Stärkerer Aufdruck und wiederholtes Übereinanderzeichnen erzielten in der Türöffnung die gewünschte Dunkelheit. Die körnige Struktur der Hauswand entstand durch Frottagetechnik. Hierbei wird ein raues Sandpapier unter das Skizzenpapier gelegt und mit einem harten Bleistift werden in der Schummertechnik mit leichtem Druck auf den Stift die körnigen Erhebungen herausgearbeitet. Die Umrisslinien mussten stellenweise mehrmals stärker betont werden. Da beim Zeichnen mit weichen Stiften das Papier schnell verschmutzt, ist es notwendig, einen Knetgummi zur Überarbeitung und Korrektur bereitliegen zu haben. Die Zeichnung sollte zum Schluss mit Fixativspray fixiert werden.

Stillleben (Bleistiftzeichnung)

Benötigtes Material: festes Skizzenpapier, 23 x 32 cm, Bleistifte Härtegrad H und 2H.

Jede gelungene Zeichnung setzt Grundkenntnisse der Komposition voraus. Gerade bei Stillleben ist die Stellung der Bildobjekte auf dem Zeichengrund und zueinander entscheidend.
Um eine gelungene Komposition erstellen zu können, empfiehlt es sich, zuvor einige kleinere Skizzen anzufertigen, sodass die Bildaufteilung festgelegt werden kann und mögliche Korrekturen vermieden werden können.
Grundsätzlich empfiehlt sich für Stillleben ein klarer Aufbau mit wenigen Objekten in einer übersichtlichen Anordnung. Bei einer solchen Darstellung kommen die einzelnen Objekte besser als in einer überladenen Komposition zur Geltung.

Erster Schritt
Die Abbildung zeigt eine klare Vorzeichnung in einfachen Umrisslinien. Die Form der Gefäße ist deutlich festgelegt, Vorder- und Hintergrund wurden bereits angedeutet. Auch die Form und der Verlauf der Schlagschatten ist bereits in der Zeichnung zu sehen.

Zweiter Schritt

Im zweiten Schritt wird mit dem härteren Stift eine feine Kreuzschraffur zur Darstellung der Schatten und der Kontraste angelegt. Die Schraffur beginnt in der linken Hälfte des Hintergrundes mit einer Reihe feiner paralleler Linien. Über diese Lage wird eine zweite Reihe paralleler Linien gesetzt, jedoch in einer anderen Richtung. Je mehr Schraffuren Sie übereinander setzen, desto dunklere Flächen erzielen Sie.

Anschließend werden die Objektschatten ausgearbeitet, hierbei werden Lichtseiten und helle Reflexe weiß belassen.
Ebenso vorsichtig wird mit den Schlagschatten verfahren, die zunächst nur angedeutet werden.
Ein nachträgliches Aufhellen ist gerade bei der Arbeit mit harten Stiften kaum möglich, folglich muss vor dem Zeichnen überlegt werden, an welchen Stellen Lichter sein sollen.

Dritter Schritt

In dieser Abbildung sehen Sie die Endphase der Zeichnung. Die drei Gefäße haben ihre volle Schattierung erhalten, sie wirken jetzt recht gegenständlich und plastisch. Die linke und die rechte Seite des Hintergrundes wurde im Bereich um die Objekte herum wiederholt durchgezeichnet, sodass diese sich davon gut abheben. Die Schlagschatten erhalten ihre endgültige Form und Intensität durch klare Umrisslinien und eine vorsichtige Schraffierung.

Zum Schluss wird die Zeichnung nur leicht fixiert, da Linien, die mit harten Bleistiften gezeichnet werden, kaum verwischen.

Boote am Steg (Bleistiftzeichnung)

Benötigtes Material: kleiner Skizzenblock, weißes und festes Zeichenpapier, ca. 30 x 39 cm, Bleistifte Härtegrad HB und 2B.

Erster Schritt

Für die Zeichnung wurde zuerst eine Skizze angefertigt. Das Motiv, bei einem Spaziergang entdeckt, wurde mit wenigen schnellen Strichen und Linien auf einen kleinen Skizzenblock gezeichnet. Auf Details wurde hierbei verzichtet, nur die zwei Boote und eine improvisierte Anlegestelle ist in groben Linien erkennbar.

Die ausführlichere Darstellung wurde zu Hause gezeichnet und Details aus der Erinnerung ergänzt.

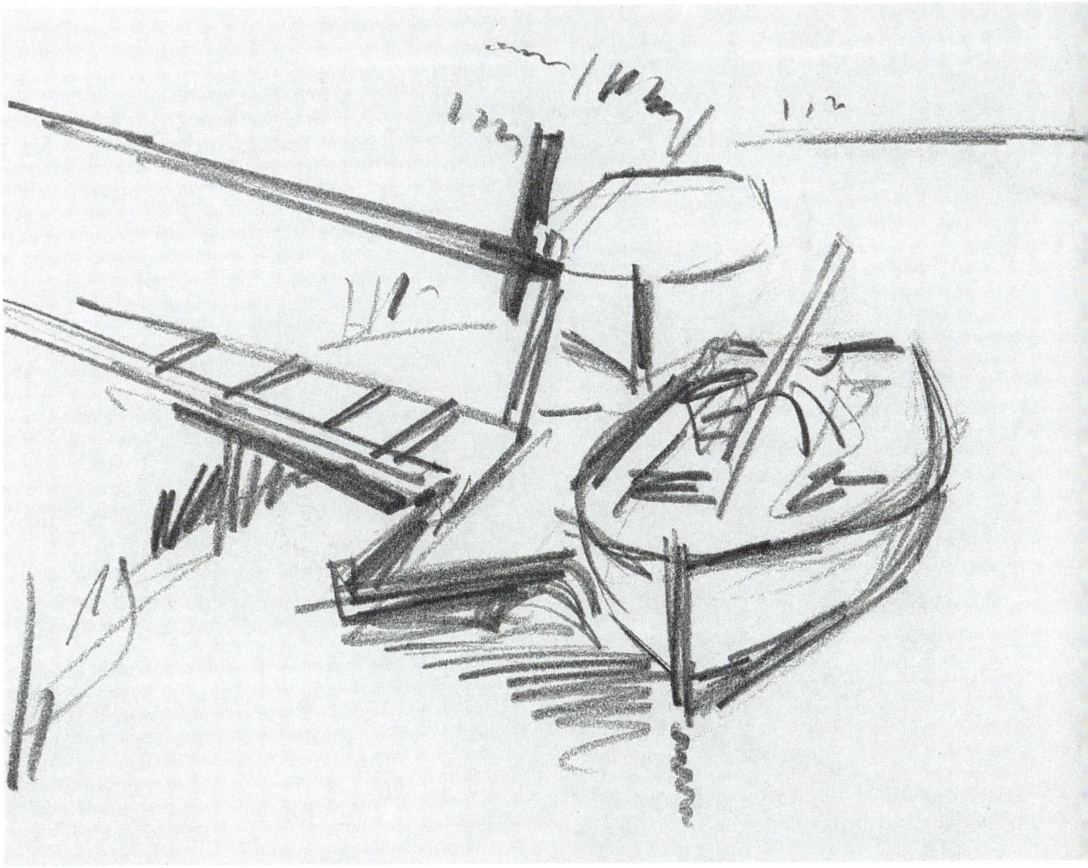

Zweiter Schritt

Als Vorlage für die Zeichnung dient die vor Ort angefertigte Skizze. Die Zeichnung selbst wird mit einem Bleistift HB auf weißes Zeichenpapier übertragen.

Zuerst werden nun die Umrisslinien skizziert, wobei die Form des Landungsstegs und der Boote im Vergleich zur Skizze exakter gezeichnet und durch Details ergänzt werden.

Die Uferpartie erhält kräftige Linien, um den Verlauf des Schilfsaumes anzuzeigen. Ponton und Laufsteg erhalten erste Schattierungen durch schummerndes Zeichnen, die Spiegelungen im Wasser werden zuerst nur angedeutet.

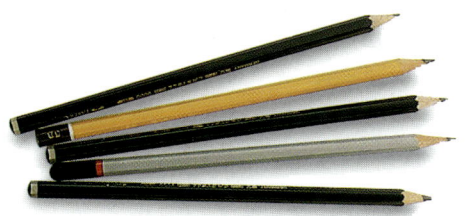

Dritter Schritt

Im letzten Schritt werden die Boote mit ihren Details und der Anleger fertiggezeichnet, indem die Schattierungen konsequent fortgeführt werden. Der Schilfbereich muss sehr vorsichtig behandelt werden. Im oberen Teil wird das Schilf mit Linien und Punkten angedeutet, wobei große Partien weiß belassen werden, um die Lichtstellen wiederzugeben. Deutlicher kann dagegen im unteren Bereich und an der Wasserlinie gezeichnet werden, wobei kräftige Linien die Struktur der hohen Gräser und zugleich die Schattierung wiedergeben.

Ebenso wurde mit dem Hintergrund verfahren. Die Spiegelungen von Booten, Anleger und Schilf sollten sehr vorsichtig und nicht zu dicht gezeichnet werden, sodass sich lichte und stark strukturierte Stellen ergänzen.

Bei einer abschließenden Übersicht werden noch einige Korrekturen ausgeführt, indem Linien stärker betont oder mit einem Knetgummi abgemildert und aufgehellt werden. Dies empfiehlt sich bei jeder Zeichnung auch während des Zeichnens.

Flusslandschaft (Kohlezeichnung)

Benötigtes Material: leicht getöntes, ockerfarbenes Papier mit einer rauen Oberfläche, ein Stück härtere Holzkohle.

Für dieses Bild diente eine Bleistiftskizze, die nach der Erinnerung gezeichnet wurde, als Vorlage. Die Landschaft, die nur wenige Elemente zeigt, wirkt durch das Zusammenspiel von Licht, Schatten und den Spiegelungen des Wassers.

Erster Schritt

Zuerst wird die Vorzeichnung, die sich eng an der Bleistiftskizze orientiert, mit einfachen Umrisslinien auf das Zeichenpapier übertragen. Dieser erste Schritt kann bereits mit Kohle ausgeführt werden. Die beiden Kopfweiden, die Anlegestelle und die Uferlinien werden als wesentliche Bildelemente kräftiger gezeichnet, der Hintergrund und die Gräser bleiben nur angedeutet.

Zweiter Schritt

Zur Darstellung der Lichtverhältnisse werden im zweiten Schritt die jeweils rechten Seiten der Bäume und Büsche des Hintergrundes und der großen Weiden schattiert, indem diese Stellen durch vorsichtiges Schummern und Verwischen der Farbpigmente dunkler angelegt werden. Ebenso werden die Uferseiten und Anlegestelle behandelt. Hierzu können Sie entweder einen Papierwischer, ein Papiertaschentuch oder die eigenen Finger verwenden.

Auf diese Weise entstehen erste Andeutungen von Spiegelungen und Schatten. Einzelne Gräser werden kräftiger gezeichnet.

Dritter Schritt

Das Weiterzeichnen erfordert nun eine gewisse Vorsicht, da das ganze Blatt mit Linien und Flächen bedeckt ist, die leicht verwischen können. Dies können Sie vermeiden, indem Sie die Hand, mit der Sie zeichnen, auf einem Blatt Papier abstützen. Insgesamt werden die Schatten weiter vertieft und differenziert.

Besondere Aufmerksamkeit gilt den Uferlinien und der Gestaltung der Wasserfläche.

Anlegestelle und Spiegelungen werden immer wieder nachgezeichnet, bis sie stimmig erscheinen.

Die Schilfflächen werden schattiert und erhalten durch kräftigere einzelne Linien mehr Struktur. In diesem Zustand zeigt das Bild schon eine große Tiefe, Licht und Schatten erscheinen bereits als starke Kontraste.

Vierter Schritt

Im letzten Schritt werden die Laubkronen der beiden Kopfweiden ausgearbeitet. Der Eindruck von Blattwerk und zugleich dichter Belaubung wird durch eine Vielzahl einzelner und zusammenhängender, unterschiedlich gekrümmter, kurzer Linien erreicht. Durch Verdichtungen an verschiedenen Stellen und leichtem und stärkerem Aufdrücken des Kohlestifts entstehen „Laubwolken". Im unteren Teil sind sie sehr dicht nebeneinander gezeichnet, im oberen Teil werden sie großzügig verteilt. Auch in diesem Bereich sollte eine Licht- und Schattenwirkung entstehen, dazwischen wird mit unterbrochenen, kräftigen Linien das Geäst gezeichnet. Mit harten Strukturlinien werden zuletzt die Stämme modelliert und so der Eindruck von Rinde erreicht. Schilfe und das Ufer im Vordergrund werden nun vorsichtig ausgearbeitet. Wenn zu viele Linien gezeichnet werden, kann diese Partie leicht als eine leblose, undifferenzierte Masse erscheinen. Einzelne Schilfblätter werden nur im Vordergrund angedeutet. Die linke Uferpartie und der Anleger werden zuletzt noch einmal durchgearbeitet und das rechte Ufer kann ausgearbeitet werden. Den letzten Schliff erhält die Zeichnung durch leichte Korrekturen mit einem Knetgummi. Zu harte und zu dichte Stellen werden so aufgehellt. Zur Aufbewahrung sollte die Zeichnung schließlich ausreichend fixiert werden.

Steintreppe (Schwarze Kreide)

Benötigtes Material: einfaches Zeichenpapier, ca. 30 x 38 cm, Bleistift Härtegrad HB, schwarze Kreide.

Die ersten Arbeiten mit Schwarzkreiden sollten möglichst einfach sein. Kleinere Skizzen eignen sich dafür besonders gut. Vorlage für das Motiv der Steintreppe war ein Foto aus einem alten walisischen Bergarbeiterdorf.

Die Wirkung dieser Zeichnung beruht auf der Darstellung der zerfallenen Mauern, der herumliegenden Steine und der verwitternden Treppenstufen, die ins Nichts zu führen scheinen.

Erster Schritt

Als Vorzeichnung genügten einige flüchtige Bleistiftlinien, ohne den Ausdruck und die Detailgenauigkeit des Fotos zu übernehmen. Die Bleistiftlinien werden anschließend mit der Kreide nachgezogen, an manchen Stellen variiert und stärker angesetzt. Eine interessante Wirkung ergibt sich durch die scharfen Kontraste aus Licht und Schatten, der Lichteinfall von der linken zur rechten Bildseite hin bewirkt, dass die rechte Wand völlig unbearbeitet bleibt und die linke Wand tief verschattet gezeichnet wird. Auch die herabgestürzten Steine werden weniger stark durchgezeichnet.

Zweiter Schritt

Im zweiten Schritt wird der obere Teil der Treppe stärker durchgezeichnet. Die Schatten der Wände werden zunehmend dunkler gezeichnet, wobei einige Steine, die aus der geborstenen Mauer hervorstehen, auf der Oberseite mit dem Knetgummi wieder aufgehellt werden. Einfacher ist es, die anfänglichen Schattierungen vorsichtiger zu setzen und den Lichteinfall beim Zeichnen schon miteinzuplanen. Die Unterkanten der Steine erhalten schärfere Schatten, sodass die einzelnen Steine sich besser voneinander absetzen. Bei den Stufen sollten die Oberseiten möglichst hell belassen werden, die Seitenteile und unterliegenden Steine und Platten wurden unterschiedlich dunkel gezeichnet.

Bei den Wänden der rechten Bildhälfte wird die Andeutung von Natursteinmauer mit Hilfe von wenigen Linien erreicht, hierbei ist es wichtig, dass große freie Flächen bestehen, um die sonnenbeschienene Mauer darzustellen. Die Dicke des Mauerwerks wird durch die obere Schattierung sichtbar.

Nachdem Steine, Stufen und Wände gezeichnet sind, wird ein dunkel schattierter Himmel als Kontrast zu den hellen Steinen angelegt. Zum Schluss wird die Zeichnung ausreichend fixiert.

Dorfansicht (Rötelzeichnung)

Benötigtes Material: leicht getöntes cremefarbenes Zeichenpapier, Bleistift Härtegrad HB, Rötelstift mit einer gehärteten (fetten) Mine.

Rötelzeichnungen vermitteln einen warmen und eher malerischen Eindruck, obwohl der Rötelstift ein ausgesprochenes Zeichenmaterial ist. Der Reiz einer Rötelzeichnung wird folglich auch durch die monochrome Farbgebung bestimmt.

werden anschließend die Linien nach und nach mit Rötel verstärkt, wobei schon die Form der Ziegel deutlich wird und Licht und Schatten angedeutet werden. Der Zeichenvorgang selbst sollte, wenn man Rechtshänder ist, von links nach rechts verlaufen, da man ansonsten mit der rechten Hand die Zeichnung leicht verwischen kann. Die Richtung des Lichteinfalls sollte von Anfang an bedacht werden, um die Schatten richtig anordnen zu können.

Erster Schritt
Vorlage für das Motiv, der Blick über die Dächer eines Dorfes, war eine Fotografie. Der warme, rötliche Ton der Dachziegel als Charakteristikum dieses südländischen Dorfes sollte durch die warme Farbe des Rötelstiftes wieder aufgenommen werden.
Ein fetter Stift eignet sich gleichermaßen für genaue Linien als auch für die Schummertechnik.
Die Vorzeichnung wird in leichten Linien mit einem Bleistift aufgebracht, da sich Bleistift leichter radieren lässt. Anschließend werden die Bleistiftlinien mit dem Rötelstift nachgezeichnet. Die Vorzeichnung sollte die wichtigsten Elemente des Fotos wiedergeben, jedoch auf unwesentliche Details verzichten. Wo es nötig erscheint, können nun die Bleistiftlinien leicht wegradiert werden. Im Vordergrund

Zweiter Schritt

Im zweiten Schritt werden die Ziegel ausgearbeitet, indem jede einzelne Ziegel mit Umriss, Licht und Schatten modelliert wird. Achten Sie darauf, dass die Ziegel nicht zu gleichmäßig aneinander gereiht werden, das Alter der Dächer und eine gewisse bauliche Unvollkommenheit und Improvisation sollten erkennbar sein. Folglich sollte auch die Intensität der Schatten und die Form der Ziegel unterschiedlich sein. Wichtig ist bei dieser Zeichnung nicht der akkurate und technische Strich, sondern Stimmung und Atmosphäre, die in der Zeichnung vermittelt werden sollten. Innerhalb der knappen Vorzeichnung blieb genügend freie Auslegung, da es darum ging, etwas von der Stimmung, die das Foto anregte, ins Bild zu setzen, nicht um ein Abzeichnen.

Dritter Schritt

Im letzten Schritt der Zeichnung wird das Mittelteil des Bildes vollendet und Vorder- sowie Hintergrund ausgearbeitet. Die Dachziegel mitsamt den baufälligen Dachrinnen waren nun komplett. Die Häuserwände blieben weitgehend frei. Einige Stellen wurden leicht geschummert, um schadhaften Putz wiederzugeben. Die Schatten im Bereich der Dachrinnen und der darunter liegenden Hauswand werden kräftig geschummert und mit harten Linien scharf artikuliert. Die Fensterkreuze und Umrandungen bleiben hell, die einzelnen Scheiben erhalten eine Schattierung, die sich nach oben hin dunkel und scharf absetzt. Der untere Teil wird hell belassen oder durch leichtes Tupfen mit einem Knetgummi aufgehellt.

Im Hintergrund wird nun die Baumpartie im mittleren Bereich ergänzt.

Um Licht- und Schattenwirkung zu erzielen, müssen größere Bereiche weiß belassen werden, die jeweils linken Partien erhalten durch wiederholtes Schummern eine nach und nach tiefer werdende Schattierung, die sich deutlich von den hellen Dächern absetzt.
Das Dach des hinteren Gebäudes wird mit wenigen schnellen Linien gezeichnet, sodass es hell und sonnenbeschienen wirkt.

Für die Darstellung des Himmels werden nur die wolkenlosen Teile gezeichnet, indem der Hintergrund mit einer leichten Schummerung, die zum oberen Rand des Bildes hin dunkler wird, gezeichnet wird, wobei einige Stellen als Wolken freigelassen werden. Im rechten unteren Teil des Bildes sind die Dachziegel größer und in einer sehr verkürzten Form gezeichnet. Verlauf und Intensität der Schattierungen sind hier wichtig.

Der Eindruck einer kleinen, engen Gasse zwischen den eng stehenden Gebäuden entsteht durch sehr dunkel gezeichnete Partien. Zum Schluss erhält die Zeichnung noch eine Art „Feinabstimmung", um die Lichtverhältnisse stimmig zu machen. Mit einem Knetgummi wird die Farbe an Stellen, die zu kräftig geraten sind, leicht abgetupft. So können einige Partien aufgehellt werden, andere werden mit kräftigen Linien etwas verstärkt.

Auch bei einer Rötelzeichnung sollten Sie ein leeres Blatt Papier als Auflage für die zeichnende Hand verwenden, um Verwischungen, die oft schlecht zu korrigieren sind, zu vermeiden. Wie alle Arbeiten, die mit abreibenden Materialien gezeichnet werden, muss die Zeichnung zum Schluss leicht fixiert werden.

Kleines Fachwerkhaus (Zeichnen mit Pinsel und Tusche)

Benötigtes Material: ein einfaches, saugfähiges Skizzenpapier, ca. 35 x 43 cm, Bleistift Härtegrad HB, Aquarellpinsel Größe 5, schwarze Tusche.

Für dieses Motiv diente als Vorlage eine Bleistiftskizze, die vor Ort mit Blick aus einem Fenster gemacht wurde.

Erster Schritt

Im ersten Schritt wird die Skizze mit Bleistift auf das Zeichenpapier übertragen. Anschließend wird mit dem Pinsel etwas Tusche aufgenommen und die ersten Äste und Zweige des Hintergrundes gezeichnet. Dabei werden die Bleistiftlinien möglichst genau nachgezogen. Der Zeichenvorgang sollte bei Tuschezeichnungen immer von links nach rechts und von hinten nach vorne verlaufen, um Verwischungen zu vermeiden. Der größere Baum und die nächststehenden kleineren Bäume werden als nächstes gezeichnet, anschließend das Fachwerk des Hauses im Vordergrund. Die Dachziegel, die mit Bleistift kurz angedeutet waren, blieben erst einmal frei. Die Abbildung zeigt zwei Stadien in der Entstehung; rechts im Hintergrund sind noch die Linien der Bleistiftvorzeichnung zu erkennen, während das Übrige schon in kräftigem Schwarz Gestalt bekommen hat. Dieses Stadium ist besonders interessant. Zeichnet man jetzt den Hintergrund mit Bäumen und Buschwerk und lässt alles Übrige unbearbeitet, erhält man ein Winterbild mit Schnee auf Dach und Erde.

Zweiter Schritt

Im zweiten Schritt werden die Dachziegel mit wenigen, sparsamen Linien angedeutet, ähnlich wird mit dem Boden verfahren. Auch hier genügten andeutende Linien, um den Eindruck von Natursteinen zu erreichen.

Diese Zeichnung zeigt, wie sehr die Wirkung einer Arbeit mit Pinsel und Tusche auf dem Zusammenspiel von freier und gezeichneter Fläche beruht. Gerade die freien Stellen wirken bei einer solchen Zeichnung, sodass hier die hohe „Kunst der Auslassung" an Bedeutung gewinnt. In ihrer Eindeutigkeit und Schärfe erinnert manche Pinselzeichnung an Holzschnitte, dabei handelt es sich genau genommen bereits um einen Übergang zu einem Teilbereich der Malerei, dem kontrastreich monochromen Bereich.

Pinsel und Tusche erlauben ein rasches und expressives Arbeiten, ebenso wie ein präzises und detailbetontes Zeichnen. Bei Motiven mit vielen Details sind allerdings eine gute Vorzeichnung und ausreichende Vorarbeit unverzichtbar.

Bauernhaus (Zeichnen mit Feder und Tusche)

Benötigtes Material: weißes Zeichenpapier mit einer festen Oberfläche, ca. 30 x 38 cm, Bleistift Härtegrad HB, eine dünne Stahlfeder, schwarze Tusche.

Das Arbeiten mit Feder und Tusche unterscheidet sich völlig von der Pinselzeichnung. Hier formt die Feder harte und präzise Linien in einer stets gleich bleibenden Stärke. Dies gilt besonders für Stahlfedern, mit denen sich präzise Linien und feine Schraffuren zur Darstellung von Licht und Schatten zeichnen lassen.

Erster Schritt

Für dieses Motiv entstand eine Bleistiftskizze vor Ort, die für die Federzeichnung als Vorlage genommen wurde. Die Skizze wird möglichst genau mit Bleistift auf das Zeichenpapier übertragen, wobei auch Details miteingezeichnet werden. Anschließend werden die Bleistiftlinien sorgfältig mit der Tuschefeder nachgezogen. Die Abbildung zeigt ein Stadium, in dem dieser Vorgang noch nicht beendet ist, lediglich die Scheune und einige Arbeitsgeräte davor erscheinen in Tuschelinien.

Zweiter Schritt

Im zweiten Schritt wird die Vorzeichnung in Tusche abgeschlossen und die weitere Ausarbeitung vorgenommen. Zunächst werden die Licht- und Schattenseiten der Scheune dargestellt. Dort, wo das Licht auf das Haus fällt, wird die Mauer weiß belassen, die schattige Seite wird mit einer scharfen Schraffur gezeichnet.

Hierzu werden einige Lagen von ungefähr parallelen Strichen kreuzweise übereinander angelegt. Je dunkler die Fläche ausfallen soll, desto mehr Linien werden benötigt.

Die Bäume werden mit kleinen, gekrümmten Linien und etwas Schraffur gezeichnet, wobei große Flächen zur Darstellung des Lichtes unbearbeitet bleiben.

Die Andeutung von Gräsern wird mit wenigen Linien erreicht.

Dritter Schritt

Im dritten Schritt werden die Bäume fertig gezeichnet, indem zwischen dem Laubwerk mit einigen kräftigen Linien Geäst angedeutet wurde. Anschließend werden das herumstehende Gerät, der kleine Schuppen und der Anschnitt des Gebäudes auf der rechten Bildseite gezeichnet. Die große Grasfläche darf keinesfalls eintönig erscheinen, sie ist der zeichnerisch interessanteste Teil des gesamten Bildes. Es sollten Flächen auftauchen, die relativ unbearbeitet belassen werden, andere Flächen werden relativ dicht gezeichnet, wobei kurze und längere Linien einzelne Grashalme und Grasbüschel andeuten. Ein sehr dichter Verlauf von hinten links bis nach vorne rechts in den Vordergrund hinein konnte eine Vertiefung, vielleicht auch einen kleinen, überwucherten Graben bedeuten. Nun werden mit wenigen Linien Büsche, Bäume und Gebäude im Hintergrund gezeichnet und der Himmel angelegt, wobei die großen Wolkengebilde weiß belassen werden. Zuletzt können noch einige Verbesserungen ausgeführt werden, jedoch kann nur ergänzt, nicht weggenommen werden. Eine Schlussfixierung des Bildes entfällt.

Bitte beachten Sie auch unsere weiteren, in der Reihe „Schritt für Schritt" erschienenen Titel: